SOCIÉTÉ POUR LA PROPAGATION
DES
LANGUES ÉTRANGÈRES EN FRANCE

DE LA PART DES FEMMES
dans la
propagation des langues vivantes

CONFÉRENCE

PAR

Mlle Mathilde Salomon

DIRECTRICE DU COLLÈGE SÉVIGNÉ
MEMBRE DU CONSEIL SUPÉRIEUR
DE L'INSTRUCTION PUBLIQUE

Séance du 30 Janvier 1894
dans la Grande Salle de l'Hôtel des Sociétés savantes

PARIS

SIÈGE SOCIAL & SECRÉTARIAT
A L'HOTEL DES SOCIÉTÉS SAVANTES
28, Rue Serpentes, 28

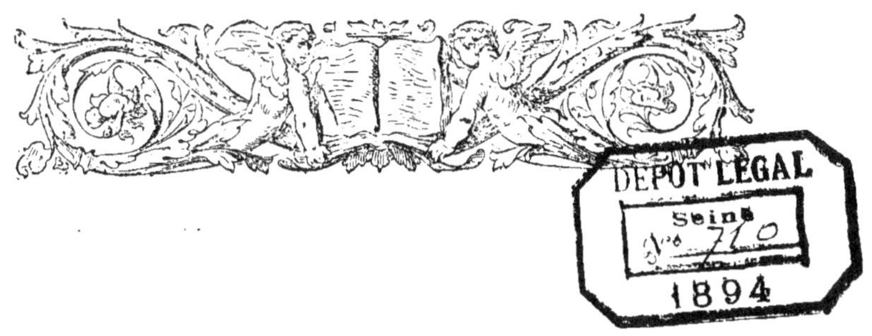

DE LA PART DES FEMMES dans la propagation des langues vivantes[1]

Mesdames, Messieurs,

La toute-puissance, — vous savez de quel côté elle réside, — s'est réservé le monopole des langues et des lettres anciennes, mais a bien voulu, non sans quelque dédain, admettre les femmes à l'étude des langues vivantes. — Faut-il s'en plaindre, réclamer contre le privilège masculin de perdre des années et des forces à ne pas apprendre des langues dont l'utilité a d'ailleurs été contestée par des esprits de premier ordre? — Ou bien, n'y aurait-il pas mieux à faire et ne pourrait-on chercher si ces études de langues modernes, en apparence plus modestes, peuvent porter des fruits précieux et répondre à toutes les exigences de la culture la plus soignée?

Nous n'avons nullement la prétention de comparer une fois de plus les résultats obtenus dans l'éducation de la jeunesse par l'étude des langues vivantes avec ceux des langues anciennes. Nous aurions mauvaise grâce à reprendre ici la question du latin, et l'on nous reprocherait avec raison d'en parler comme un aveugle des couleurs. D'ailleurs que pourraient ajouter d'infiniment mieux partagés que nous au chef-d'œuvre qu'a écrit sur ce sujet l'éminent écrivain trop tôt disparu, Raoul Frary?

Toutefois il nous sera permis d'examiner dans cette question le point qui nous concerne spécialement: Les langues modernes suffisent-elles pour

(1) Conférence par Mlle Mathilde Salomon, directrice du collège Sévigné, Membre du Conseil supérieur de l'Instruction publique. — Séance du 30 janvier 1894, dans la Grande salle de l'Hôtel des Sociétés savantes.

assurer une culture littéraire complète ? En d'autres termes, les femmes peuvent-elles, grâce à elles, acquérir une instruction solide autant qu'aimable ? Leurs études actuelles fourniront-elles assez d'exercice, par suite, de développement à leur goût, à leur sentiment esthétique ?

Vanter le passé et médire du présent est une singularité de l'esprit qui s'applique à tout : le progrès indéniable des études féminines n'empêche pas qu'on leur oppose encore souvent la forte instruction d'autrefois, du XVIe siècle, par exemple. Il n'y était pourtant guère question d'instruire *les femmes*. — Quelque *dames* de haut rang seules étudiaient et allaient jusqu'à l'érudition. Le latin, le grec, l'hébreu même n'avaient plus pour elles de mystères, non plus que les sciences les plus abstruses. Toutefois, pourquoi ces illustres dames — en nombre infiniment restreint, il n'est pas besoin de le dire — s'attachaient-elles ainsi à ces langues et à ces littératures savantes ? Par la raison la plus simple du monde. Il n'y en avait pas d'autre de leur temps. Il fallait savoir latin et grec ou rester ignorant.

Qu'on nous permette de répéter ici ce qu'a dit là-dessus un maître expert en fine culture, l'historien anglais Macaulay : « Au temps d'Henri VIII et d'Édouard VI, une personne qui ne lisait pas le grec et le latin ne pouvait rien lire ou presque rien. — L'italien était la seule langue qui possédât quelque chose qu'on pût appeler une littérature. Tous les livres de valeur existant alors dans les dialectes nationaux de l'Europe auraient à peine rempli un seul rayon.... Il était donc absolument nécessaire qu'une femme fût dépourvue d'instruction ou reçût une éducation classique. A vrai dire, sans la connaissance du latin, on ne pouvait avoir aucune notion claire de ce qui se passait dans le monde politique, littéraire ou religieux. Le latin était au XVIe siècle ce que le français était au XVIIIe, et quelque chose de plus. C'était la langue des cours aussi bien que des écoles ; c'était la langue de la controverse religieuse et politique....

« Toute la controverse politique et religieuse a lieu maintenant dans les langues modernes. On ne se sert plus des langues anciennes que pour commenter des écrivains anciens. Sans doute les grandes œuvres du génie grec et du génie romain sont toujours ce qu'elles étaient. Mais si leur valeur positive est constante, leur valeur relative, comparée avec la somme des richesses que possède l'esprit humain a été sans cesse en déclinant. Elles étaient le tout intellectuel de nos ancêtres ; elles ne sont qu'une partie de nos trésors. Quelle tragédie aurait fait pleurer Lady Jane Gray, quelle comédie l'aurait fait sourire, si elle n'avait eu les dramaturges anciens dans sa bibliothèque ? Un lecteur moderne peut se passer d'Œdipe et de Médée ; il a Othello et Hamlet.

S'il ne sait rien de Pyrgopolinices et de Thrason, il est familier avec Boabdil et Bessus et Pistol et Parolles. S'il ne peut goûter la délicieuse ironie de Platon, il trouve quelque compensation dans celle de Pascal. S'il est exclu de de Nephelococcygie, il peut se réfugier à Lilliput.

« Nous espérons n'être coupable d'aucune irrévérence envers les grands peuples auxquels le genre humain doit l'art, la science, le goût, la liberté civile et intellectuelle, quand nous disons que le capital qu'ils nous ont légué a été si bien employé que les intérêts accumulés excèdent maintenant le principal. Nous croyons que les livres qui ont été écrits dans les langues modernes pendant les deux cent cinquante dernières années, y compris, bien entendu, les traductions d'auteurs anciens, ont plus de valeur que les livres qui existaient dans le monde au début de cette période... Quand donc nous comparons l'instruction de Lady Jane Gray avec celle d'une femme accomplie de notre temps, nous n'hésitons pas à donner la supériorité à la dernière. »

Nous espérons que nos lecteurs nous pardonneront cette digression. Elle est longue, mais on ne pourra guère la trouver hors de propos, si elle tend à les convaincre qu'ils se trompent quand ils pensent que les trisaïeules de leurs trisaïeules étaient supérieures à leurs sœurs et à leurs femmes.

Ces lignes sont convaincantes, en effet, et l'on peut, ce semble, considérer comme acquis que les littératures modernes suffisent pour initier à toutes les richesses intellectuelles, à donner à l'esprit des femmes toute la force, le poli, l'ornement nécessaire.

Il en était ainsi déjà au XVIIe siècle, à cette époque dont Paul-Louis Courier dit que la moindre femmelette y écrivait mieux que nos beaux esprits. Mme de Sévigné elle-même, qui répond presque parfaitement à l'idéal d'une femme accomplie, n'a jamais, quoi qu'on en pense généralement, su sérieusement le latin. Mme de Sévigné appartient, elle aussi, à la catégorie assez nombreuse des écrivains un peu plus admirés que vraiment connus. Ce n'est pas, pour employer une de ses expressions, « en grapillant » à travers un choix de ses lettres qu'on arrive à se rendre compte de ce qu'elle est, à comprendre ce que cette charmeresse a de vigoureux, de puissant. Il faut un tête-à-tête plus prolongé avec elle, l'étude complète de ses lettres, c'est-à-dire de sa vie. Alors on apprend comment s'est formé cet admirable esprit ; on s'aperçoit que si elle ne savait guère de latin, l'italien lui était extrêmement familier, que la poésie italienne faisait ses délices.

Aujourd'hui d'autres langues remplacent, comme moyens de culture, celles qu'étudiaient les femmes distinguées de jadis. L'allemand et l'anglais tiennent la première place dans nos écoles, le plus souvent la seule. Bien que nous n'ayons pas le loisir, à notre époque utilitaire, de déterminer nos choix par des considérations d'ordre purement esthétique, les trésors littéraires de ces deux langues, surtout de l'anglais, expliquent suffisamment l'importance qu'elles ont prise dans nos programmes.

En général, et sauf des exceptions qu'il faut désirer et espérer nombreuses, les femmes peuvent se livrer à l'étude des langues d'une façon plus désintéressée, par cela même plus féconde que les hommes. Qu'elles y voient, non le succès d'un examen, l'accès d'une école, mais, selon le mot célèbre, le moyen d'agrandir leur âme, qu'elles comprennent que cette pénétration d'un idiome nouveau, c'est l'entrée dans un monde nouveau, où pourtant elles retrouveront, sous d'autres formes, les traits généraux et éternels du cœur et de l'esprit de l'homme, variés et divers, mais toujours semblables; qu'elles reconnaissent, chez des étrangers, les plus hautes manifestations du génie humain, des sources pures et profondes de poésie délicieuse, des drames incomparables, tout ce que l'intelligence a produit de plus haut, de plus doux, de plus parfait, cela seul ne sera-t-il pas pour elles une grande et féconde leçon ?

Mais pour en avoir le bénéfice, il faut pénétrer un peu avant dans la langue ; ce n'est guère la savoir que de se borner au vocabulaire indispensable à se tirer d'affaire à l'étranger dans la vie usuelle. Vous ne croiriez pas connaître un pays pour y avoir vu des gares, des hôtels, des magasins et même des usines. On ne sait une langue que lorsqu'on a plaisir à lire les belles œuvres de sa littérature, ces œuvres que la traduction ne rend pas, car si elle les fait à peu près comprendre, elle ne peut guère les faire sentir, c'est-à dire goûter. On se demande parfois d'où vient l'inintelligence de certains parmi nous et non des moindres, pour des œuvres consacrées par l'admiration universelle. Il n'est pas nécessaire de chercher loin pour trouver la réponse. Croyez-vous qu'une traduction de la Bérénice de Racine ou des fables de La Fontaine en allemand, en anglais, donnera aux étrangers une idée de ce que nous font éprouver ces chefs-d'œuvre? Une traduction de Shelley ne rendra pas ce poète beaucoup plus intelligible pour nous.

Donc, si nous voulons respirer le parfum des fleurs elles-mêmes, allons les cueillir dans leur propre pays, étudions les langues qui les ont fait éclore.

Les femmes, a-t on dit, en ont surtout le devoir, parce qu'elles en ont le pouvoir et qu'un don est tout comme un droit doublé d'un devoir. La souplesse des organes, plus grande peut-être chez la femme, facilite la prononciation, l'acquisition rapide de tout ce qui tient à l'accent, au rythme, à la cadence : la partie en quelque sorte physique de l'étude d'une langue ne lui offre donc pas de grandes difficultés. Sa mémoire, souvent plus fraîche parce qu'elle est moins surchargée, retient sans trop de peine, surtout dans l'enfance, des vocabulaires étendus ; enfin je ne sais quel don d'intuition lui fait quelquefois pénétrer vite et clairement le sens d'un texte sans qu'elle puisse aussi clairement dire pourquoi. De toutes ces dispositions, d'habiles maîtresses peuvent tirer le plus grand parti ; une fois les premières difficultés vaincues, le succès n'est pas loin. Il est assuré dès que la jeune fille sent le charme de certaines lectures. Alors elle travaillera par plaisir plus que par devoir, elle ne pourra plus s'arrêter ; il y a trop à gagner, trop de jouissance à marcher en avant. Voyez, pour vous en convaincre, toutes ces jeunes filles, dont les études sont dites achevées ; presque toutes obtiennent de leurs familles qu'il soit fait exception pour les langues et poursuivent cette étude jusqu'au dernier jour de leur vie de jeune fille, au-delà parfois.

Arriveront-elles à communiquer cet amour autour d'elles, à leurs frères par exemple, un peu moins ardents dans leurs classes de lycée et que Gœthe, Shakespeare et Georges Eliot laissent encore assez froids. On a le droit de l'espérer. « Les exemples vivants sont d'un *bien grand* pouvoir. »

Les goûts, les sympathies des femmes ne sont pas chose indifférente ; ce qu'elles aiment arrive à se répandre ; ce qu'elles veulent réussit souvent et la mode n'est pas l'unique domaine de leur souveraineté ; ou plutôt leur goût fait la mode. Quand il sera reconnu qu'elles ont su apprendre, aimer les langues et les littératures étrangères, eh bien, tout le monde fera comme elles.

Un usage qui commence à se répandre est à la fois l'indice du progrès réalisé et la promesse du progrès futur : un assez grand nombre de familles choisissent pour leur séjour de vacances, soit un joli port de la côte anglaise, soit un pays de langue allemande.

Sans doute nos familles françaises qui se rendent à l'étranger emportent un peu la France, ou du moins le français avec elles ; des séjours isolés seraient plus efficaces. Toutefois il faut bien compter avec nos mœurs ; pour le moment les mères françaises ne perdent pas volontiers leurs enfants de vue, les filles surtout. Leur conseiller de les « échanger » comme on fait si aisément en Suisse, contre des jeunes filles étrangères qui prendraient leur place dans la maison serait prêcher dans le désert. Qu'elles utilisent donc les vacances en les passant soit en Angleterre, soit aux bords des lacs où résonne le ja. A un certain point d'intelligence d'une langue, ces séjours peuvent avoir une très heureuse influence.

Si la connaissance des langues se répand sérieusement parmi notre public féminin, le bienfait et l'honneur en reviennent aux maîtresses distinguées qui dirigent cette partie importante de notre enseignement. Munies des mêmes titres que leurs collègues masculins, après avoir concouru avec eux aux examens du Certificat ou de l'Agrégation, elles apportent dans leur tâche les qualités particulières à la femme et qui rendent son concours si précieux dans les premières années de l'enseignement des enfants.

Pour toute cette première période la nature les a en effet richement douées. Elle leur a donné, presque comme un instinctif besoin, la sympathie pour l'enfance ; elles comprennent l'enfant, savent mesurer le travail à l'âge, aux forces, ne laissant pas la leçon dépasser la portée de l'intelligence ; elles possèdent l'esprit de détail, qui ne trouve rien trop petit de ce qui peut aider au succès, le faciliter, elles ont la patience inépuisable, c'est leur force, à elles, qui ne recule pas devant les répétitions continuelles, si nécessaires pour parer aux distractions, aux négligences, à l'indifférence de l'enfant. Tout en dosant avec sagesse le travail de leurs élèves, elles ne craignent pas cependant d'en exiger quelque effort. Les savantes théories sur le surmenage les laissent calmes. Elles savent trop bien quelle force d'inattention les enfants peuvent opposer à qui leur demanderait trop ou seulement beaucoup à la fois. Enfin elles ont le zèle et l'ardeur des néophytes. La grande place qu'on leur a faite dans l'enseignement est récente ; elles ont à cœur de montrer qu'elles ont de quoi la remplir ; elles se consacrent à leur tâche avec la conscience et le dévouement qui peuvent faire espérer de grandes choses ; le mot n'est pas exagéré quand on songe qu'il s'agit du relèvement de l'esprit féminin.

Qu'il nous soit permis d'exprimer un vœu en terminant : Les femmes ne sont pas égoïstes, la nature leur en a refusé les moyens. Eh bien nous souhaitons vivement que les services rendus par les dames professeurs de langues s'étendent aux deux sexes. Qu'on ne nous accuse pas d'une ambition démesurée ; nous demandons seulement l'accès des petites classes. Jusqu'à un âge facile à déterminer, onze ou douze ans, par exemple, il y aurait avantage à confier aux femmes certaines parties de l'enseignement et en particulier les langues. Quelques tentatives ont déjà été faites dans ce sens ; il est désirable qu'elles deviennent plus fréquentes. L'éducation des jeunes enfants, n'est-ce pas le domaine pour ainsi dire naturel de la femme ? Pourquoi ne pas lui réserver une besogne qui convient si bien à ses aptitudes ? D'autres pays le font déjà et s'en félicitent. En matière d'éducation publique, nous servons plus d'une fois d'exemple aux étrangers ; sachons, en revanche, les imiter à l'occasion, nous approprier leurs avantages. Ce libre échange-là ne peut rencontrer de sérieux adversaires.

Espérons donc que dans un avenir prochain nos petits Français auront, comme leurs camarades d'Amérique, des dames pour professeurs ; peut être y gagneront-ils encore autre chose que d'apprendre plus vite l'allemand ou l'anglais.

Asnières. — Imp. J. Chevallier, 39, rue Parmentier.

Asnières. — Imp. J. Chevallier, 39, rue Parmentier.

www.ingramcontent.com/pod-product-compliance
Lightning Source LLC
LaVergne TN
LVHW012024170826
845678LV00004BA/1633

* 9 7 8 2 3 2 9 6 1 8 7 2 2 *